# DISCOURS

SUR

# S. FRANÇOIS-XAVIER

PRÊTRE ET APÔTRE DES INDES

OU

# LE NATURALISME COMBATTU

PAR

M. L'ABBÉ BOUTY

DU DIOCÈSE DE MONTPELLIER

Prix : 50 c.

SE VEND
AU PROFIT D'UNE MODESTE ÉGLISE DE CAMPAGNE

MONTPELLIER, CHEZ F. SEGUIN, LIBRAIRE.

# DISCOURS

SUR

# SAINT FRANÇOIS - XAVIER

PRÊTRE ET APÔTRE DES INDES

ou

# LE NATURALISME COMBATTU

PAR

M. L'ABBÉ BOUTY

DU DIOCÈSE DE MONTPELLIER

Prix : 50 c.

SE VEND
AU PROFIT D'UNE MODESTE ÉGLISE DE CAMPAGNE

# APPROBATION

ÉVÊCHÉ DE MONTPELLIER.

*Nihil obstat quominus imprimatur.*

*Montispessulani, 20 Novembris 1874.*

SEGONDY.

Vic. gen.

Montpellier, J. Martel aîné, impr. de Mgr. l'Évêque

# DISCOURS SUR SAINT FRANÇOIS-XAVIER

PRONONCÉ

en l'Église Sainte-Ursule de Pézenas le 3 décembre 1870.

*A Domino factum est istud et est mirabile in oculis nostris.*
Ici est l'œuvre du Seigneur; la merveille est pour tous les yeux.

(Ps. 117. 23.)

MES FRÈRES,

Le Prophète-Roi voyant dans l'éloignement des siècles le Christ humilié, anéanti, réprouvé par la Synagogue superbe, obtenir une éclatante victoire sur ses ennemis, s'écriait : Non, ce n'est point à la suite d'un concours fortuit de circonstances, mais bien par un dessein éternel de Dieu, que « la Pierre rejetée » par les architectes est devenue la Tête de l'angle dans » l'Édifice nouveau. Ici se manifeste l'œuvre du Sei- » gneur; chantons-en tous la merveille. » *A Domino...*

Après le Christ, les Apôtres ses successeurs et les continuateurs de son œuvre se dispersent, « semblables » à des nuées légères », par tout le monde pour y semer la bonne nouvelle: on vit alors la faiblesse la plus grande triompher des puissances les plus formidables; l'ignorance dans l'art de bien dire, éclipser l'éloquence des Rhéteurs et des Philosophes ; les hommes les plus humbles et les plus vils en apparence, l'emporter sur les Grands et les Superbes, et les peuples ravis d'admiration se prirent à répéter le chant du Prophète : *A Domino factum est istud*... C'est bien ici l'œuvre merveilleuse du Seigneur.

Si nous suivions pas à pas l'Église de Jésus dans sa marche triomphale à travers les âges et les empires — partout — sur un point quelconque de la durée ou de l'espace, nous verrions les mêmes merveilles éclater, les mêmes phénomènes se reproduire ; et, partout et toujours, force serait de redire le même chant de triomphe et de gloire : *A Domino factum est istud !*

Mais où ce chant sera le plus enthousiaste et le plus beau, ce sera, au seizième siècle, à l'heure de la défection dans la foi de nos pères d'une grande partie de notre vieil occident. Nous verrons alors un homme, un nouvel apôtre, « plein du Verbe-Dieu » qui l'anime et l'embrase, traverser les mers « avec plus de rapidité que les aigles du ciel », et aller déployer, en des lieux réputés jusque-là inaccessibles, l'étendard du Christ portant dans ses plis glorieux une civilisation nouvelle.

Là, où ni l'amour sacré de la science, ni la faim insatiable de l'or, ni l'ardeur indomptable des conquêtes ne portèrent jamais leurs pas, Xavier portera les siens ; et il accomplira, seul, en ces mêmes lieux, ce que les chefs les plus puissants des nations, avec toutes leurs forces, n'eussent jamais osé entreprendre ! Qui donc témoin de ces grandes choses pourra ne pas s'écrier à son tour : C'est le Seigneur, le Roi des âmes qui a fait tout cela? Aussi la merveille en est-elle frappante : *Et est mirabile in oculis nostris !*

Mais le merveilleux ou le surnaturel dont j'entreprends ici la défense n'apparaît pas seulement dans l'apostolat de François-Xavier ; il se manifeste encore dans sa conversion et dans les vertus suréminentes qui forment la trame de ses jours, depuis qu'il a voué à son Dieu et au salut de ses frères une vie toute de sacrifice. Merveille donc de cette conversion — Merveille de cette vie et de cet apostolat. — Tel est, Chrétiens, le plan et le partage de ce discours, et l'objet de votre bienveillante attention.

Hâtons-nous d'implorer le secours de cette grâce qui rend l'homme supérieur à lui-même par l'intercession de la Vierge sans tache, en lui disant avec l'Ange : *Ave Maria.*

## PREMIÈRE PARTIE.

### CONVERSION DE FRANÇOIS-XAVIER.

Il s'est élevé de nos jours une secte audacieuse qui nie à Dieu tout droit d'immixtion dans le gouvernement de ce monde : secte impie qui prétend reléguer le Créateur des mondes au fond de son ciel et de son éternité ; secte insensée qui trace un cercle infranchissable à celui que ne sauraient borner ni le temps ni l'espace, et qui lui emprunte ses propres paroles pour lui dire : « Tu viendras jusqu'ici et n'iras pas plus loin ».

D'après ces pseudo-philosophes, l'homme doit agir, seul, ici-bas, indépendamment de toute assistance céleste ; et rien de ce qui sort du cadre ordinaire de la nature ne peut être admis par lui. Un célèbre moraliste de l'avant-dernier siècle, armé de son burin, a tracé d'avance le portrait de ces sophistes modernes :

« J'appelle mondains, terrestres ou grossiers, ceux
» dont l'esprit et le cœur sont attachés à une petite
» portion de ce monde qu'ils habitent, qui est la
» terre ; qui n'estiment rien, qui n'aiment rien au
» delà ; gens aussi limités que ce qu'ils appellent leurs
» possessions ou leurs domaines que l'on mesure,
» dont on compte les arpents et dont on montre les
» bornes. »

Nous ajouterons, nous, que ces faux docteurs ne veulent pas de filiation avec le ciel pour se dispenser de vivre *saintement* sur la terre ; — le but de la doctrine du surnaturel n'étant autre que celui-là, d'après ces paroles de St. Paul à Tite, son disciple chéri : « La grâce du Dieu Sauveur s'est révélée à tous » les hommes pour nous apprendre à renoncer à l'im- » piété et aux désirs du siècle et à vivre ici-bas avec » tempérance, justice et piété. »

Ces réflexions émises, abordons notre sujet et prouvons que le surnaturel existe par la merveille de la conversion de Xavier.

On l'a dit, Fidèles, avec juste raison, et c'est une vérité théologique incontestable: Le Maître Souverain du monde déploie une plus grande puissance dans la conversion d'une âme que dans la création de ce vaste univers. En effet, lorsqu'il appelle du néant « les choses qui ne sont pas encore », il agit sur une matière inerte de sa nature, sans volonté, indifférente au mouvement ou au repos. Mais faut-il convertir une âme, il traite alors de puissance à puissance avec cette âme ; il faut lui faire changer toutes ses voies, sans nuire d'aucune façon à son libre arbitre. Cette fière « Sulamite pressée de revenir à son Dieu » doit brûler,

« par choix » ce qu'elle avoit adoré jusque-là, et adorer ce qu'elle avoit brûlé. Dans ce triomphe de la grâce, la liberté humaine reste tout entière ; et dans sa glorieuse défaite l'homme, devenu *serf* de son Dieu, demeure toujours Roi dans le domaine de son cœur et de sa volonté : *Servire Deo regnare est.* Ceci ressort de l'histoire de la conversion de notre Saint.

Voici un gentilhomme à la fleur de l'âge : né au sein des grandeurs, il compte des princes, des rois même parmi ses aïeux. — Comme le jeune homme de l'Évangile sur lequel s'arrêta le regard du Sauveur d'Israël, « il a de nombreuses possessions », et son nom justement honoré retentit avec éclat dans l'assemblée des Heureux de ce monde.

La nature n'a point été pour lui une dure marâtre : la perfection des lignes de son visage révèle sa noble origine ; le port de sa personne est plein de distinction et de grandeur ; une attrayante affabilité s'unit en lui à une vivacité charmante de caractère ; — en un mot, les grâces naturelles les plus exquises lui font cortége et lui gagnent de prime-abord tous les cœurs.

Doué d'une intelligence primesautière, — les études les plus ardues n'ont pour lui de sommets inaccessibles ; sa pénétration fait l'orgueil de ses maîtres, l'admiration de ses compagnons d'âge et d'études.

Quoique bien jeune encore, son front est chargé des palmes les mieux méritées ; déjà son nom brille d'une double auréole. A cette heure, la renommée, le prenant par la main, le fait monter aux chaires les plus distinguées de cette Université de Paris illustre parmi les plus illustres, l'orgueil, alors, et la gloire de la France !

Dans ces conditions, je vous le demande, Chrétiens-Auditeurs, que vous dirait la voix de la nature, et que devait-elle insinuer, cette même voix, au cœur de notre jeune et brillant lauréat?

Pousse-toi dans le monde ….. dans ce monde qui te sourit, et qui, joyeux, t'appelle à partager ses faveurs les plus séduisantes. « Sur cette voie large et spacieuse » qui s'ouvre devant toi, accumule sans fin honneurs, distinctions, richesses : et, « couronné des roses de la volupté », monte, si tu le peux, jusqu'au pinacle du temple de la gloire!

Tel est et tel sera, dans les mêmes circonstances, le langage invariable du sens mondain et terrestre.

Or, s'il était vrai, comme le veulent les partisans d'un naturalisme abject, qu'à côté de ce souffle impur et énervant ne se fît pas sentir un autre souffle plus fortifiant et venu d'en-haut, une cause quelconque devant toujours produire un effet similaire, nous ne verrions jamais de ces contrastes frappants, inexplicables au point de vue de « la chair » et de la raison humaine, savoir : tous les éléments du bien-être et du plaisir condensés, en quelque sorte, autour d'une existence privilégiée, et cette même existence se vouant avec liberté, et un indicible bonheur, aux épreuves les plus rudes et les plus capables d'épouvanter la nature et la faire reculer d'effroi! *Qui nutriebantur in croceis*, pouvons-nous dire avec le Prophète des lamentations, mais en un sens un peu différent du sien, *amplexati sunt stercora* : ceux qui se nourrissaient délicatement, assis sur l'or et la pourpre, ont embrassé l'ordure et le fumier!…

Mais tandis que la Sirène mondaine, perfide et enchanteresse à la fois, *male blandiens Sirena*, berce François-Xavier de ses chants les plus doux, voici, d'autre part, qu'une voix du ciel non moins douce vient murmurer quelque chose en son âme. C'est ce vent léger dont parle l'Écriture, qui, dans l'Éden, après midi, annonçait la présence de Dieu venant converser familièrement avec sa créature. Pour Xavier, ce souffle avant-coureur de la grâce s'est personnifié dans cet illustre enfant de l'Ibérie, à l'âme ardente, au cœur affectueux, dans Ignace, génie de premier ordre, courtisan et guerrier d'abord, nobles livrées selon le monde !.... Mais depuis que le trait vainqueur parti du ciel a fait à son âme une blessure bien plus profonde que celle qu'il a reçue au sein des combats, ce noble Cantabre est devenu un homme nouveau. Il échange vite la livrée ignominieuse du siècle contre la glorieuse livrée du Christ. Son esprit s'est illuminé soudain de clartés divines ; il excelle dans le discernement si difficile des esprits et dans le gouvernement plus difficile encore des âmes. Désormais il ne travaillera plus pour la gloire d'un prince qui, au dire du Sage, « est aujourd'hui et mourra demain », mais pour la plus grande gloire de Dieu, du Roi immortel des siècles : *ad majorem Dei gloriam*. Telle sera sa constante et noble devise, la règle future de ses pensées, l'aiguillon de son zèle, le mobile de ses vastes entreprises, le soutien de toutes ses espérances....

Sous un tel maître, que ne peut-on attendre du disciple !

Sans dessein arrêté en apparence, et comme par distraction, l'interprète des volontés divines sur le futur apôtre lui glisse de temps en temps à l'oreille du cœur quelques-unes de ces maximes évangéliques pleines de force et de suavité mystiques : « Que sert à l'homme » de gagner l'univers entier et de perdre son âme ? » Jeune ambitieux, voilà que vous portez un nom déjà fameux devant les princes de la science et les rois de ce monde ; mais « à quoi bon cette gloire éblouissante si » ce nom est effacé du livre de l'éternelle vie ? »

Idole qu'encense le siècle, « vous avez amassé beau-» coup de richesses, mais pour combien de temps et » pour qui ? » Et ces plaisirs insensés qui peuvent un instant enivrer l'âme, sans la rassasier jamais, où vous conduiront-ils, lorsque, « la nuit venue, on vous rede-mandera cette âme ? »

Doigt de Dieu, grâce mystérieuse et toute-puissante, souffle surnaturel, lumière transcendante, vous voici !
*Ecce Deus....*

Celui qui, tout à l'heure, souriait de pitié quand on lui parlait d'abjurer le monde, ses faux biens, sa gloire futile et mensongère, ne soupire maintenant qu'après le dénûment le plus absolu, les mépris les plus écrasants ! Il dit à la pauvreté : « Vous serez ma mère », et à l'abjection : « Vous êtes ma sœur ».

Celui que retenaient violemment, naguère, par sa robe de chair les jeux, les ris et tout l'amollissant essaim des délices humaines, se retourne maintenant avec empressement vers les haires, les macérations, les cilices, et leur dit avec un riant visage : Vous serez désormais mes compagnes assidues et inséparables.

Le mondain délicat qui, hier encore, redoutait la plus légère souffrance en vue de son salut éternel, dompte aujourd'hui, par des jeûnes rigoureux, prolongés outre mesure, sa chair rebelle et ennemie ; il exerce contre elle un cruel et tyrannique empire. Il la lie de cordes qui s'y enfoncent profondément et ne peuvent plus s'en extraire que par miracle ; et n'était son obéissance à une volonté étrangère, cette chair haïe et crucifiée serait bientôt vouée à une destruction totale : tant il s'est pénétré de cette maxime du grand Apôtre : « Ceux qui sont du Christ ont crucifié leur chair avec » ses vices et ses convoitises » !

Que dirai-je encore pour constater l'action divine dans la conversion de Xavier ? Le maître savant dont la parole profonde et aimée tenait captives les âmes d'un auditoire de beaux esprits, le voilà devenu, à cette heure, l'esclave obscur d'un directeur à qui il obéit aveuglément, avec enthousiasme ; et, dans son humilité incompréhensible pour la superbe du siècle, il n'ose lui écrire qu'à genoux !

Qu'il parle, cet Ananie, trucheman respecté de la volonté céleste !... Que dis-je ? Qu'il fasse un signe, l'ombre même d'un signe, et ce voyant des sciences humaines dont on nous racontera plus tard les étonnantes victoires, à cause de son obéissance d'aujourd'hui, — *vir obediens, loquetur victoriam*, — ira, s'il le faut, jusqu'aux plages les plus reculées du monde, prêchant l'Évangile et mendiant son pain ; — ou bien sur un signe contraire, il reviendra sur ses pas, abandonnant, sans regret, le théâtre de ses plus beaux triomphes !

Anges de Dieu, faites retentir les voûtes célestes de vos joyeux cantiques. — La brebis égarée est rentrée au bercail ; « la drachme précieuse perdue est retrouvée » ; le zélé partisan du monde est devenu l'émule ardent de la croix : et, pour preuve, s'il en fallait encore, écoutez ces paroles brûlantes débordant d'un cœur que « le zèle de la maison de Dieu dévore » :

« Il me vient souvent en pensée de parcourir les » universités de l'Europe, principalement celle de » Paris, et de crier de toutes mes forces à ceux qui ont » plus de savoir que de charité : Ah! combien d'âmes » perdent le ciel et tombent dans les enfers par votre » faute » !

Arrêtons-nous un instant sur cette conversion pour nous dire : Il se passe ici, des choses surprenantes et singulières ; tout un monde de sentiments naturels renversés ; un changement radical dans tout ce qui fait le fond de la nature humaine : ainsi, la pauvreté préférée aux richesses, la souffrance au bien-être, l'obscurité à la gloire, l'abjection à la considération humaine, l'obéissance aveugle au commandement et à l'empire ; qu'une philosophie sceptique ou railleuse essaie de donner, au point de vue de la nature, une raison plausible de ce changement du tout au tout, de ce renversement d'idées et d'affections? Nous l'en défions !

Pour nous philosophes selon l'Evangile, nous raisonnons ainsi : Tout fait certain, constant, saisissable, doit être en rapport avec la cause qui le produit : or, à des actes de vertu en dehors des penchants innés dans l'homme et les plus vivaces en lui, quelle cause assigner, sinon une cause qui échappe à nos sens — une cause surnaturelle et divine ? — Ce qui est impossible à l'homme, dit le Réparateur de la nature humaine, est possible à Dieu : et quand il lui plait de prendre en ses mains cette boue fragile dont il nous a pétris au commencement, il sait la transformer entièrement et lui communiquer un rayon de sa vertu et de sa puissance : *Quæ impossibilia sunt apud homines possibilia sunt apud Deum !*

## DEUXIÈME PARTIE.

### MERVEILLES DE LA VIE DE XAVIER.

Le fait de la conversion de F. Xavier nous a démontré une action surnaturelle et divine venant modifier profondément notre nature à un moment donné ; quelques traits de sa vie, pris comme au hasard, seront une plus ample démonstration de cette vérité.

Prêtez l'oreille, et dites-moi si des entrailles même de toute condition humaine un long cri de douleur et de désespoir n'arrive pas jusqu'à vous ?

Qui ne connaît ces plaintes aussi anciennes que le monde, devenues légendaires : « Pourquoi la lumière » a-t-elle donnée au misérable ?... Pourquoi la vie, » à ceux dont l'âme est un océan de douleurs ?...

« Vanités des vanités » : richesses, honneurs, voluptés, longue vie, science même ; car, « l'œil ne se rassasie point de voir, ni l'oreille d'entendre », ni le cœur de souffrir : et la vertu purement humaine n'est qu'un « mot », n'est qu'un « songe » qui nous laisse comme « un faux brave » devant les réalités du malheur !

Voilà bien, Fidèles, le cri de ce que, dans un néologique langage, nous appelons *Naturalisme* : cri de dégoût et d'angoisse, cri de tristesse profonde et de profond abattement. Ah ! qu'il est bien différent le cri du *Surnaturalisme* ou de la grâce : c'est un chant suave d'espérance et d'allégresse, un hymne sans fin de ravissement et d'amour !

Plongé et comme enseveli dans les horreurs de la persécution qui a fondu sur lui, l'Apôtre des nations s'écrie : « On nous livre tous les jours à la mort, on » nous regarde comme des brebis destinées au sacri- » fice !.... mais parmi tous ces maux, nous triomphons » par la vertu de Celui qui nous a aimés. » Et ailleurs : « Je suis rempli de consolations, je surabonde de joie... » Depuis notre arrivée en Macédoine, nous n'avons eu » aucun repos selon la chair, nous avons souffert toutes » sortes d'afflictions ; combats au dehors, frayeurs au » dedans.... mais Dieu qui console les humbles a » endormi nos douleurs.... »

Nouveau Paul, notre Saint fera entendre, au milieu de semblables épreuves, le même cantique de résignation triomphante, les mêmes accents de reconnaissance et de bonheur !

Xavier embrasse la pauvreté. Riche en réalité des biens de ses pères, riche d'avenir par les hautes charges que ses talents bien connus lui eussent certainement acquises, il abandonne tout pour suivre Jésus-Christ pauvre. *Nudus nudam crucem sequar*, se dit-il, avec un pieux anachorète. Cette pauvreté tant abhorrée des mondains, il la vante, il l'exalte : « Je compte, dit-il, » pour une insigne faveur du Ciel, que la divine Provi- » dence nous a amenés dans un pays dénué de toutes » les douceurs de la vie, et où, quand nous le voudrions,

» nous ne pouvons nourrir notre corps délicatement,
» ni donner à nos sens ce qui pourrait les flatter. »

Xavier pratique le détachement le plus parfait; et il se montre en cela bien supérieur à « ces esprits ter-
» restres ou grossiers attachés à une petite portion de
» ce monde », et partant incapables de former jamais une grande et généreuse résolution.

Il dit, de loin, un éternel adieu aux lieux qui l'ont vu naître; il ne les juge pas même dignes d'une dernière visite, d'un dernier regard. Cette plainte si attendrissante du pâtre romain s'éloignant, victime des guerres civiles et de l'ambition des partis, du sol de la patrie et de ses douces campagnes :

*Nos patriæ fines et dulcia linquimus arva,*

il en fait, lui, son joyeux chant de départ; et tout entier à la nouvelle famille d'infidèles ou des déshérités de ce monde que le Seigneur veut lui donner, le temps lui manque pour aller embrasser, une dernière fois, sa mère chérie, désolée peut-être. Une voix secrète lui a dit comme au jeune homme de l'Évangile : « Laissez les morts ensevelir leurs morts »; et il part comme le Pèlerin de Dieu, sans bâton et sans peur, comme sans or et sans suite, malgré les offres généreuses d'un Roi pieux. Son riche trésor à lui, c'est une pénurie extrême et volontaire. Ses bras et ses mains encore robustes sont les seuls serviteurs à gages dont il veuille accepter les soins.

Xavier a un amour extrême pour la souffrance qui, seule, nous initie au bonheur du ciel. Il la désire, il la recherche, il en fait la reine de ses pensées; et, tandis que l'homme de la nature devient sombre et farouche s'il est atteint de ses cruelles morsures; tandis que mille projets sanguinaires obscurcissent le sens moral de l'être souffrant qui ne veut voir Dieu nulle part, Lui, notre Saint, savoure d'avance le bonheur de verser son sang pour ses frères.

« Ce pays des Iles du More », écrit-il à l'un de ses amis, « est funeste aux étrangers par la barbarie de ses » habitants.... Eh bien! considérant l'extrême néces- » sité de ces peuples, j'ai cru que je devais hasarder » tout, même ma vie pour leur salut... Ils me feront » mourir, dites-vous, par le fer ou par le poison: » cette grâce n'est pas pour un pécheur comme moi; » mais j'ose vous dire que quelque tourment et quelque » mort qu'ils me préparent, je suis prêt à en souffrir » mille fois davantage pour le salut d'une seule âme. » Quels vœux et quel langage sublimes!!

Et, en attendant l'heure du sacrifice, comment Xavier passe-t-il ses jours?... Dans les hôpitaux et les bagnes. Au bagne, à l'hôpital, il applique ces paroles de l'Écriture: « Ici est le tabernacle de Dieu avec les hommes, et il demeurera avec eux »; parce que, là, dans cet asile de l'expiation ou de la souffrance volontairement acceptée, se renoue la chaîne qui relie l'homme à Dieu, et que le péché avait rompue. Quelle autre demeure pourrait donc être plus agréable au « Juste qui vit de la foi » !

A ce point de vue élevé, Xavier se fait le *frère servant* des captifs, l'infirmier heureux de tous les malades qu'il peut découvrir, sans consulter ce que peuvent ses forces. Il nettoie, il panse avec amour les plaies les plus dégoûtantes; comme le bon Samaritain, « il verse sur elles l'huile et le vin », c'est-à-dire, tout son

cœur généreux et tendre : c'est là son suprême plaisir :
*ea sola voluptas*. Bien plus, stoïcisme sublime et que
la nature seule est impuissante à produire ! il se nie à
lui-même le mal qui l'accable, la fièvre qui le dévore,
pour ne pas se priver du bonheur de servir les autres.
Tel est le seul remède à ses maux, tel, le seul allègement à ses propres souffrances : *ea sola voluptas, solamenque mali* !

Est-ce assez de l'amour du Saint pour les croix
et les peines, de son respect et dévouement pour les
membres souffrants du Christ ?... Mais non, il faut que
la nature s'avoue tout à fait vaincue sous l'action de
la grâce ! Je vois, je vois Xavier couché sur un pestiféré,
suçant, comme à longs traits, l'horrible sécrétion qui
coule de ses ulcères !!...

« O amour, amour divin qui rendez léger tout fardeau, qui pouvez tout », vous seul pouvez transfigurer ainsi un faible mortel, en le faisant planer comme
un esprit céleste sur ces maux innarrables qui affligent
les fils d'Adam !

Là, ai-je dit, au début de cette seconde partie de
mon discours, là où la nature humaine succombe, le
surnaturel apparaît et fait entendre un mélodieux cantique. Eh bien ! venez, mesdames, venez « hommes
terrestres ou grossiers », venez constater de vos yeux
la vérité de mon assertion.

Voyez, sous les voiles sombres et glacés de la nuit
tombante, cet homme, jeune encore : son visage est
pâle et amaigri ; il mesure à longs pas l'étroit espace
d'un jardin ; un feu intérieur le soulève et le transporte ; il sent le besoin d'aérer sa poitrine, et son cœur
tout au ciel bat à rompre ses veines. Nous l'enten-

dons s'écrier : « Pas tant de consolations, mon Dieu,
» pas tant de consolations ! mon cœur n'est pas assez
» fort pour les porter. Des maux, au contraire, des
» maux en plus grand nombre; encore plus, encore
» plus ! Étant le plus méchant des hommes, j'ai honte
» de verser tant de larmes par un excès de consolations
» célestes ; ou, si vous voulez m'en combler par un
» excès de votre miséricorde infinie, tirez-moi à vous,
» et faites moi jouir de votre gloire ; car, c'est un trop
» grand supplice que de vivre sans vous voir, lorsqu'on
» a goûté une fois dans sa propre source cette félicité
» que ne peut exprimer aucun langage humain. »

Au point où nous sommes arrivés, nous posons hardiment ce dilemme : Ou c'est le surnaturel et le divin qui se révèlent ici et s'affirment ; ou bien ce ne peut être que la plus insigne folie de l'esprit, la plus étrange aberration du sens humain. Mais quoi ! tandis que la folie ne procède que par bonds irréguliers, avec absence évidente d'idées reçues partout, avec manque absolu du sentiment des convenances les plus vulgaires, que voyons-nous au contraire chez les Saints ? Une longue suite d'actes sérieux, pratiqués avec le calme le plus parfait, avec la plus constante sérénité, la plus intelligente possession de soi-même. Et vous oseriez appeler démence, égarement, des actes si élevés, si généreux, dont la méditation est une excitation puissante à la vertu ; et le résultat final, un concert de bénédictions et d'amour pour cette Fille du Ciel qui les inspire !

Ah ! la saine raison est bien mieux à son aise, est bien plus dans le vrai en répétant une fois encore l'exclamation du Psalmiste : « Ici apparaît l'œuvre du Seigneur, et nos yeux en contemplent la merveille. »

— 19 —

Nature, te voilà donc abattue, surpassée, annihilée. Et toi, Surnaturel, grâce céleste, élève avec orgueil ta tête couronnée de lumière. Dis-nous avec le Docteur des nations, dont tu triomphais un jour sur le chemin de Damas : *In his omnibus superamus propter eum qui dilexit nos.* Oui, c'est l'amour, l'amour invincible que nous portons au Dieu immolé pour nous, qui nous rend supérieurs à toutes les infirmités humaines !

## TROISIÈME PARTIE.

#### APOSTOLAT DE FRANÇOIS-XAVIER.

C'est toujours un beau et sublime spectacle que celui de ces grands capitaines qui « livrent de nom- » breuses batailles, prennent d'assaut les villes les plus » fortes, mettent à mort les rois d'une multitude de » nations, et passant jusqu'aux extrémités du monde.., » font taire la terre devant eux. » *Et siluit terra in conspectu ejus.*

Et cependant, ces héros tant vantés, que sont-ils comparés aux héros de l'Évangile ? Ce qu'est le brin d'herbe, au cèdre du Liban !...

Retranchez, en effet, à ces guerriers, pour si vaillants qu'ils soient, leurs Généraux pleins d'audace ou leurs soldats emportés d'une noble ardeur, réduits à eux-mêmes, que vont-ils devenir ?

Et encore même, avec l'appui de ces Généraux et de ces valeureux soldats, s'ils n'ont, la plupart du temps, l'avantage des positions, s'ils ne savent profiter, surtout, des fautes de l'Ennemi, que de fois leurs plans stratégiques les mieux combinés s'évanouiront comme un songe au réveil, et leur savante tactique deviendra inutile !

Mais, admettons qu'ils soient vainqueurs, combien de temps conserveront-ils leurs conquêtes ?... Ils peuvent bien enchaîner les peuples vaincus à leur char de triomphe ; pourront-ils enchaîner également et les cœurs et les volontés ?

L'Apôtre, au contraire, le soldat du Christ n'a besoin que de lui-même pour combattre. Il n'a besoin que de sa parole et de son cœur pour remporter les plus belles, les plus durables victoires. Il est vrai que ce cœur et cette parole sont le cœur et la parole même de Celui qui l'envoie : *quasi os meum eris*. Voilà tout le secret des triomphes des héros de l'Évangile. Aussi, tandis que les guerriers profanes voient s'évanouir, soudain, le fruit de leur vaillance, s'ils sont frappés eux-mêmes au sein de l'action, l'Apôtre, lui, tombant dans le combat, éternise par son sang ses succès et sa victoire : *sanguis martyrum semen christianorum !*

Mais revenons à notre thèse : Le surnaturel et le divin démontrés par l'apostolat de Xavier.

Établissons d'abord que la sphère de notre activité a de certaines limites, au-delà desquelles il faut crier au prodige. Nous ne saurions forcer longtemps notre nature, et si quelques individus doués d'une énergie singulière de volonté, *fortem ac tenacem propositi virum*, produisent parfois certains actes qui semblent dépasser le niveau des forces humaines, ces actes ne sauraient constituer chez eux un état normal ni durable. Il faut d'ailleurs, pour la production de ces actes surprenants, qu'il y ait surexcitation dans l'agent par un concours de circonstances imprévues ; ou bien que son âme, dominée par une vive passion, soit emportée, en quelque sorte, hors d'elle-même. Notre sens intime nous le dit assez, et l'expérience le démontre tous les jours.

Ces principes posés, qu'on vienne nous dire qu'un homme, seul, dénué de tout secours humain, a pu cependant, en l'espace de dix ans, convertir trois cents royaumes, la plupart barbares : briser un million d'idoles sur trois mille lieues de pays, et élever à leur place des milliers de temples au vrai Dieu ; baptiser de sa main plusieurs centaines de mille de catéchumènes, procurant ainsi à l'Église plus de nouveaux sujets que les fameux hérésiarques du temps ne firent de déserteurs et d'apostats, quel ne sera pas notre étonnement !…

Et cet étonnement n'ira-t-il pas grandissant encore, si l'on ajoute que ce même homme, exténué par de longs jeûnes et des privations de toute sorte, a parcouru ces régions innombrables, le plus souvent mal vêtu, sans chaussure, portant, comme le Christ allant au Calvaire, non le bois du sacrifice, mais tout ce qui était nécessaire pour l'offrande de la Sainte Victime en tous lieux….. ?

Il chemine péniblement, ouvrier infatigable, tantôt au travers des montagnes escarpées, couvertes de frimas et de neiges, et tantôt au travers des vallées qu'entrecoupent des torrents impétueux, d'affreuses forêts ou des marais impraticables. Bien des fois, comme triste diversion à des fatigues qui passent l'imagination d'un Européen, il lui faut affronter des mers inconnues, hérissées d'écueils, agitées de furieuses tempêtes. Telle est aux yeux d'un Apôtre la valeur des âmes rachetées par le sang du Christ ; tel, le prix de la foi que nous estimons si peu !

Et ne croyez pas que cet ardent missionnaire ait traversé en courant, comme pourrait le faire un futile touriste, ces vastes et inextricables contrées dont vous pouvez lire la longue et barbare nomenclature dans les monuments de l'histoire. Non, en tous ces royaumes évangélisés par lui, il n'est pas une seule province qui n'ait été arrosée de ses sueurs, pas une seule ville qui ait échappé à sa vigilance pastorale, pas un seul hameau, une seule maison qui n'ait reçu sa visite, pas un seul de leurs membres qui n'ait été l'objet des soins affectueux de ce bon père. Cependant, comme s'il n'avait rien fait encore pour « le Père de famille », il s'accuse d'être un « serviteur inutile », il soupire vers de nouveaux rivages, il voudrait avancer un peu « la moisson. » Nouvel Alexandre, mais bien plus intéressant que le premier, la terre est moins vaste que ses désirs !

Ainsi que le divin Chrysostôme le dit de l'Apôtre des nations, Xavier « fait offrande à Dieu, en son cœur,
» des peuples, des continents et des mers. Il va planant
» sur les pays grecs, sur les pays barbares, sur tout
» l'espace qu'embrasse le soleil. Il vole comme un
» aigle, il vole partout ; non en simple voyageur, mais
» arrachant les épines des péchés, répandant la parole
» de la piété, dissipant l'erreur, annonçant la vérité.
» Des hommes il fait des anges, ou plutôt des démons
» il fait des anges et ces anges sont des hommes. » La mort seule, et une mort prématurée, pourra interrompre le cours de ses victoires, qui ne coûtent pas une seule

goutte de sang, et ne font verser que les larmes du repentir.

Mais, dans cette succession non interrompue d'incroyables labeurs, permettez que je vous le demande, ô Apôtre, où trouverez-vous un instant pour la prière, un instant pour la nourriture et le sommeil, si légers soient-ils ? Ah ! de ces éléments indispensables à toute existence humaine, notre Saint en prend peu de souci : un morceau de pain noir ou amer qu'on lui donne comme au dernier des mendiants, quelques moments de repos sur la terre nue, sur un grabat plus dur encore, ou bien sur les cordages d'un navire, lui suffisent. Mais s'agit-il de la méditation des vérités éternelles, de ses intimes communications avec Celui qui le « conforte et par lequel il peut tout », il trouve, ô étonnement ! ô surprise ! il trouve dix heures par jour à donner à ces pieux exercices.

Je m'arrête ici, Fidèles, et ne pousserai pas plus loin le récit de l'apostolat de notre saint et magnanime héros. Aurais-je d'ailleurs cent bouches et cent voix, je ne pourrais, même en un jour, raconter une vie qui a fourni la matière de plusieurs volumes. Le peu que j'en ai effleuré suffit, ce me semble, et au-delà, pour prouver ce que j'ai avancé : A côté du monde de la nature et de la matière coexiste le monde de l'Esprit et de la Grâce. Aveugle est celui qui voudrait le nier. Et pour quiconque sait et veut tant soit peu réfléchir, l'apostolat de François Xavier n'est qu'un long et perpétuel miracle.

Voyez-vous ces vents enchaînés, ces tempêtes calmées, ces pestes cessant leurs ravages par une seule de ses prières !...

Un seul mot tombé de sa bouche suffit pour arrêter une inondation de barbares, ou mettre en déroute leurs armées innombrables.

Nouvel Élie, il fait descendre la rosée céleste sur une terre longtemps brûlée par les ardeurs du soleil; et, plus puissant qu'Élisée, il ramène quarante morts à la lumière et à la vie.

L'Esprit de prophétie est en lui, aussi bien que le don des langues. Il annonce les choses futures... Et, prodige rare même dans l'ordre des prodiges, la simultanéité de sa présence est observée en plusieurs lieux à la fois;— ne parlant qu'un seul idiome, il est également compris par les habitants de diverses contrées.

Et ici, trêve aux discussions oiseuses, aux controverses inutiles, marquées au coin de la mauvaise foi ou de l'ignorance; les monuments historiques attestant les faits que nous venons de rapporter sont trop nombreux, trop incontestables. Direz-vous qu'ils ont été inventés à plaisir? Autant vaudrait-il dire que les Indes et le Japon, qui en ont été les heureux témoins et les principaux théâtres, et qui en gardent encore le souvenir, n'existent que sur la carte géographique. Nous dirons, nous, au contraire, avec un dialecticien de quelque valeur, passé, au second siècle de l'Église, des rangs du paganisme dans l'armée des Croyants : « Ces faits merveilleux, vous pouvez les voir de vos yeux, les toucher de vos mains; le doute n'est plus permis : *Ne dubites credere, cum fieri videas.* Tert.

Outre la bulle de canonisation du Saint, qui n'a été publiée comme les bulles du même genre qu'après les discussions les plus rigoureuses sur le théâtre même des faits relatés, nous avons le témoignage de nos adversaires : des Baldée, des Tavernier..... Ces graves historiens, témoins de la vénération que conservent encore pour la mémoire de François-Xavier les Indiens, mahométans ou idolâtres, donnent à notre héros le nom de «digne ambassadeur du Christ», de « nouveau Paul », de « véritable apôtre des Indes »; titre glorieux que lui a confirmé l'Église par la bouche de l'un de ses plus illustres Pontifes, Urbain VIII, et qui est à lui seul son plus parfait éloge : *Ne dubites credere, cum fieri videas.*

A ces témoignages de la terre nous pouvons ajouter le témoignage du Ciel. Les miracles de Xavier, déjà innombrables durant sa vie, se sont multipliés à l'infini depuis sa mort ; et, prodige permanent ! le temps qui ronge tout n'a osé toucher encore, depuis plus de deux siècles, au corps du puissant thaumaturge, quoique immergé longuement et par trois fois dans la chaux vive, avant d'être « rendu à la terre d'où il était sorti ». Et le tombeau dévorant vite sa proie ne saurait entamer cette chair qui semble refleurir sans cesse sous sa dent irrésistible : *Et refloruit caro mea...*

### PÉRORAISON [1].

Grand Saint, que la France peut revendiquer comme un de ses plus illustres enfants, du haut de votre gloire immortelle souvenez-vous de cette patrie que vous adoptâtes comme une mère chérie, et qui, heureuse, vous adopta à son tour comme un fils bien-aimé.

[1] Toute de circonstance, en décembre 1870.

C'est à ses sources fécondes que vous puisâtes d'abord les hautes notions de la Science dont elle tient la clef; et c'est elle aussi qui, plus tard, vous enfantait à la vie de la grâce et à cette vie d'apôtre que vous avez tant illustrée !

Ah ! en retour des biens que vous reçûtes jadis de cette patrie adoptive, montrez-vous aujourd'hui secourable à son humiliation et à ses malheurs.

Nous le confessons sans hésiter : nous nous sommes écartés des voies du Spiritualisme et de la Sainteté, dont vous traçâtes au milieu de nous un si glorieux sillon ; et voilà pourquoi nous avons mérité d'être ainsi châtiés et punis !

Mais aujourd'hui où nos malheurs prolongés nous font lever vers les collines éternelles nos yeux appesantis et noyés de larmes,.... interposez-vous entre la justice divine et nos défaillances morales ; soyez notre protecteur et notre appui.

Voyez ! Assur, l'insolent Assur, confiant dans la grandeur de sa force brutale, a fondu sur nous des montagnes de l'aquilon : rapide comme un violent orage, il a envahi nos provinces sanctifiées par la prédication de nos premiers pontifes, arrosées du sang de nos premiers martyrs !

« Ses féroces multitudes ont obstrué nos torrents, et ses hardis cavaliers couvrent nos vallées », naguère si riantes...... et à l'heure qu'il est si désolées !

Dans son orgueil sanguinaire, il a juré de brûler nos citadelles, d'incendier nos villes et nos hameaux, de faire périr,—non par le glaive qu'il est inhabile à manier,

— 27 —

mais par le feu de ses engins destructeurs, — l'élite de notre jeunesse, de donner en proie à une soldatesque effrénée tout ce qu'il y a de plus pur, de plus timide et de plus sacré au monde : *Dixit se incensurum fines meos, et juvenes meos occisurum... infantes meos dare in prædam, et virgines in captivitatem !*

Ah ! Vous que la France implore aujourd'hui, à genoux, dans tous ses sanctuaires ; Vous, dont la fête réveille, tous les ans, dans nos cœurs de si grands sentiments de vénération et d'amour, par votre intercession puissante, comme aux jours de votre apostolat au sein des nations infidèles, faites cesser ces atroces combats !

Que, vaincu par vos prières, Celui dont « Jéhova est le nom, pose son camp au milieu de nous ! » Qu'il mette en poudre les armées de ces modernes Assyriens ! Qu'il frappe et renverse le nouvel Holoferne par la main d'une nouvelle Judith : par la main de cette noble et généreuse France qui, tant de fois, sur les champs de bataille a versé le sang de ses enfants pour la cause d'autrui ; et qui, tous les jours, sur les champs de l'erreur et de l'infidélité verse le sang précieux de ses prêtres et de ses missionnaires !

Que par vos mérites, sous lesquels nous aimons à nous abriter, Dieu prenne enfin notre cause en ses mains ; et que les nations de la terre qui, indifférentes ou joyeuses, assistent à ces sanglants spectacles, soient forcées de s'écrier, en face de cette protection visible de la Providence sur nous :

Seigneur Dieu, Vous êtes grand ! Vous vous signalez par votre puissance à l'heure propice. Nul ne peut vous surmonter, ni surmonter la nation sur laquelle vous étendez la force de votre bras : Adonaï. Domine, magnus es tu et præclarus in virtute tua, et quem superare nemo potest. Judith. 16. 15.

FIN.

www.ingramcontent.com/pod-product-compliance
Lightning Source LLC
Chambersburg PA
CBHW060912050426
42453CB00010B/1671